# Ab hier bitte lächeln

♡

### GuideMe

WWW.GUIDEME.CH  GUIDEME_TRAVEL

Die besten *Entdeckungsreisen* macht man *nicht* in **FREMDEN LÄNDERN,** sondern indem man die *Welt* mit **NEUEN AUGEN** betrachtet.

**4** KURZES HALLO & EINFÜHRUNG

**6** DAS SIND WIR

**8** HIER WAREN WIR SCHON – WELTKARTE

**10** UNSERE REISEN
EINE ÜBERSICHT ALLER REISEN, DIE IN DIESEM BUCH VEREWIGT SIND

**12** PACKLISTE
DAS PACKEN WIR IN UNSERE KOFFER …

**14** ADRESS- & SOUVENIR-IDEEN-SPEICHER
WEM SCHREIBEN WIR? WEM BRINGEN WIR WAS MIT?

**16** DIE REISE BEGINNT

*Hier ist Platz für eure Reisen* ←

**106** LISTEN – LISTEN – LISTEN
WEIL ES EINFACH SO VIEL SPASS MACHT …

**128** GEDANKEN KREISEN
DIE GEDANKEN SIND FREI – HIER IST PLATZ DAFÜR

*Inhalt*

# Hallo,
## ihr reiselustigen Verliebten!

**ICH WÜNSCHE EUCH BEIDEN VIEL SPASS UNTERWEGS!**

*AUF DASS...* ihr alle Gedanken kreisen lassen und einfangen könnt und sie hier im Buch ein ehrenhaftes Plätzchen finden.

*AUF DASS...* ihr damit eure wunderschönsten, tollsten, abenteuerlustigsten, zauberhaftesten, lehrreichsten und erinnerungswürdigsten Momente gesammelt immer wieder hervornehmen und gemeinsam oder alleine darin schwelgen könnt.

*AUF DASS...* ihr euch täglich bewusst werden könnt, wie wertvoll eure gemeinsame Zeit ist und wie viel Gutes passiert – selbst wenn es auf den ersten Blick vielleicht auch mal nicht danach aussieht. Oft sind es eben die kleinen Dinge, die das Leben GROSS UND BUNT machen!

Alles Liebe und gute Reise,

# UND JETZT?

...WISST IHR NICHT SO RECHT, WAS IHR MIT DIESEM BUCH ANFANGEN SOLLT...?

## Es ist ganz einfach:

❶ Den Tag leben, auskosten, einfangen, geniessen.

❷ In einer ruhigen Minute, beim Abendessen oder auch als Zubettgeh-Ritual: das Buch und zwei Stifte hervornehmen.

❸ Schere – Stein – Papier, wer beginnt als Erstes?

❹ Frage lesen, Gedanken kreisen lassen, Antwort reinschreiben.

❺ Buch weitergeben und gespannt sein, wie dein Schatz die nächste Frage beantwortet.

❺ Solange wiederholen, bis die Seiten gefüllt sind.

❻ Sich auf den nächsten Reisetag freuen!

---

### ÜBRIGENS:

*Auf den letzten Seiten findet ihr ein paar Listen, die nicht vergessen werden wollen und sich darauf freuen, ausgefüllt zu werden. In der Hoffnung, dass sie euch mal dienlich sein werden.*
*Und ein bisschen auch, weil das Führen von Listen einfach happy macht! Oder etwa nicht?*

Du & Ich =
# PURE LOVE

Platz für ein
Foto von euch

# Das sind wir
## Hard Facts – Fun Facts

## DU

Name:
..................................................

Meine 2 liebsten Eigenschaften:
..................................................
..................................................

Meine 2 unliebsten Eigenschaften:
..................................................
..................................................

Diese 3 Sachen müssen unbedingt mit in den Urlaub:
..................................................
..................................................
..................................................

## ICH

Name:
..................................................

Meine 2 liebsten Eigenschaften:
..................................................
..................................................

Meine 2 unliebsten Eigenschaften:
..................................................
..................................................

Diese 3 Sachen müssen unbedingt mit in den Urlaub:
..................................................
..................................................
..................................................

So haben wir uns kennengelernt:
................................................................................
................................................................................

Lustigstes gemeinsames Erlebnis:
................................................................................
................................................................................

.................................... = da ist ................... geboren
.................................... = da ist ................... geboren
.................................... = da gefiel es uns besonders
.................................... = da fühlen wir uns zu Hause

# Unsere Reisen ...

nach

vom					bis zum					Seiten

*Überschrift/Motto*


nach

vom					bis zum					Seiten

*Überschrift/Motto*


nach

vom					bis zum					Seiten

*Überschrift/Motto*


nach

vom					bis zum					Seiten

*Überschrift/Motto*

# Das packen wir in unsere Koffer*

SUPERWICHTIG

*wenn wir morgen zusammen durchbrennen.

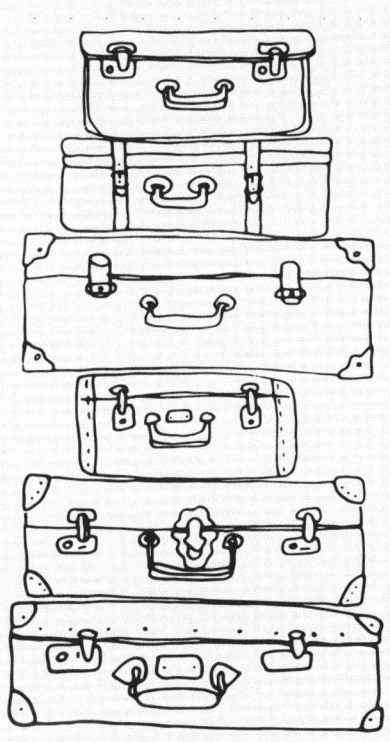

WEM SCHREIBEN WIR?

WEM BRINGEN WIR WAS MIT?

♡
Schönster *MOMENT* des Tages?
..................................................................................
..................................................................................
..................................................................................

Daran habe ich *HEUTE*
am meisten *GEDACHT*:
..................................................................................
..................................................................................
..................................................................................

Das hast du, .............................,
*WIRKLICH SUPER* gemacht:
..................................................................................
..................................................................................
..................................................................................

Irgendetwas *GETRÄUMT*?
..................................................................................
..................................................................................
..................................................................................

Dieses [ ] *LIED* [ ] *BILD* [ ] *GEFÜHL* hat uns
durch den Tag begleitet:
..................................................................................
..................................................................................

Aktueller *LIEBLINGSPLATZ*:
..................................................................................
..................................................................................
..................................................................................

WORT DES TAGES

SO OFT _____
( ) geküsst
( ) gekuschelt
( ) ....................
( ) ....................

SO VIELE _____
( ) Stunden unterwegs
( ) Schritte gemacht
( ) ....................
....................
( ) ....................
....................

# Erinnerungsstück

PLATZ FÜR FOTOS, TICKETS, GESCHICHTEN, ERLEBNISSE, ...

WERDET ZUR/M

**NICE!**

STRAND

ORT / DATUM

BESCHAFFENHEIT & FARBE

*Besonders schön*

☆ ☆ ☆ ☆ ☆                EMPFEHLENSWERT    JA ( )     NEIN ( )

STRAND

ORT / DATUM

BESCHAFFENHEIT & FARBE

*Besonders schön*

☆ ☆ ☆ ☆ ☆                EMPFEHLENSWERT    JA ( )     NEIN ( )

STRAND

ORT / DATUM

BESCHAFFENHEIT & FARBE

*Besonders schön*

☆ ☆ ☆ ☆ ☆                EMPFEHLENSWERT    JA ( )     NEIN ( )

# DIE TOP 5 DES TAGES

1.  Lieblingsort

2.  Geheimtipp

3.  NICE! Unerwartet schön!

4.  Overrated / Underrated

5.  Don't — Nicht zu empfehlen

Das *BESTE* vom Tag:

................................................................
................................................................
................................................................

**WORT DES TAGES**

Und das haben *WIR* heute
sonst noch erlebt:

................................................................
................................................................
................................................................

**SO OFT** _____

( ) meditiert

( ) entspannt

( ) ....................

( ) ....................

Ich *FREUE* mich jetzt auf:

................................................................
................................................................
................................................................

Das habe ich mir *GEGÖNNT*:

................................................................
................................................................
................................................................

**SO VIELE** _____

( ) Stunden unterwegs

( ) Schritte gemacht

( ) ....................

( ) ....................

( ) ....................

Am meisten
[ ] *BESCHÄFTIGT* [ ] *UNTERHALTEN* [ ] *VERUNSICHERT*
hat uns heute:

................................................................
................................................................
................................................................

*UNBEDINGT FESTHALTEN* möchte ich noch, dass:

................................................................
................................................................
................................................................

PLATZ FÜR FOTOS, TICKETS, GESCHICHTEN, ERLEBNISSE, ...

WERDET ZUR/M

# Restaurantkritiker*in

*Yummy, Yummy!*

RESTAURANT / CAFÉ

ORT / DATUM

GERICHT

*Kommentar*

☆ ☆ ☆ ☆ ☆　　　　　　EMPFEHLENSWERT　JA ( )　　NEIN ( )

RESTAURANT / CAFÉ

ORT / DATUM

GERICHT

*Kommentar*

☆ ☆ ☆ ☆ ☆　　　　　　EMPFEHLENSWERT　JA ( )　　NEIN ( )

RESTAURANT / CAFÉ

ORT / DATUM

GERICHT

*Kommentar*

☆ ☆ ☆ ☆ ☆　　　　　　EMPFEHLENSWERT　JA ( )　　NEIN ( )

# DIE TOP 5 DES TAGES

**1**

**2**

 *Unerwartet schön!*

**3**

**4**

**5**  *Nicht zu empfehlen*

♡
Tagsüber waren *WIR* hauptsächlich damit beschäftigt:
...........................................................................
...........................................................................
...........................................................................

♡   *INNIGSTER MOMENT* des Tages:
...........................................................................
...........................................................................
...........................................................................

Dieses *GEHEIMNIS* gehört nur uns:
...........................................................................
...........................................................................
...........................................................................

Das hat mich *GLÜCKLICH* gemacht:
...........................................................................
...........................................................................
...........................................................................

Und das hat ein bisschen
[ ] *GENERVT* [ ] *ÜBERRASCHT* [ ] *VERUNSICHERT*:
...........................................................................
...........................................................................
...........................................................................

Wenn *ICH* heute ein *TIER* hätte sein können, dann dieses: ........................., weil
...........................................................................
...........................................................................
...........................................................................

WORT DES TAGES

SO OFT _____
( ) geküsst
( ) gekuschelt
( ) ...................
( ) ...................

SO VIELE _____
( ) Stunden unterwegs
( ) Schritte gemacht
( ) ...................
...................
( ) ...................

# Erinnerungsstück

PLATZ FÜR FOTOS, TICKETS, GESCHICHTEN, ERLEBNISSE, ...

WERDET ZUR/M

BUCHTITEL

( ) SACHBUCH ( ) ROMAN / GESCHICHTEN ( ) KRIMI / THRILLER

GELESEN VON

*Kommentar*

☆ ☆ ☆ ☆ ☆      EMPFEHLENSWERT   JA ( )    NEIN ( )

BUCHTITEL

( ) SACHBUCH ( ) ROMAN / GESCHICHTEN ( ) KRIMI / THRILLER

GELESEN VON

*Kommentar*

☆ ☆ ☆ ☆ ☆      EMPFEHLENSWERT   JA ( )    NEIN ( )

BUCHTITEL

( ) SACHBUCH ( ) ROMAN / GESCHICHTEN ( ) KRIMI / THRILLER

GELESEN VON

*Kommentar*

☆ ☆ ☆ ☆ ☆      EMPFEHLENSWERT   JA ( )    NEIN ( )

# DIE TOP 5 DES TAGES

1. Lieblings Ort

2. TOP SECRET GEHEIMTIPP

NICE! *Unerwartet schön!*

3.

OVERRATED / UNDERRATED

Don't
*Nicht zu empfehlen*

4.

5.

*LIEBLINGSMOMENTE:* ♡

...................................................................
...................................................................
...................................................................

Am meisten *GELACHT* habe ich heute, weil:
...................................................................
...................................................................
...................................................................

*WEINEN* musste ich wegen:
...................................................................
...................................................................
...................................................................

Damit habe ich meinen *MAGEN VERWÖHNT*:
...................................................................
...................................................................
...................................................................

Und damit mein *HERZ*:
...................................................................
...................................................................
...................................................................

Dieser Traum begleitet uns durch
[ ] *DIE NACHT* [ ] *DEN TAG*:
...................................................................
...................................................................
...................................................................
...................................................................

WORT DES TAGES

SO OFT _____
( ) meditiert
( ) entspannt
( ) ...................
( ) ...................

SO VIELE _____
( ) Stunden unterwegs
( ) Schritte gemacht
( ) ...................
( ) ...................

PLATZ FÜR FOTOS, TICKETS, GESCHICHTEN, ERLEBNISSE, …

WERDET ZUR/M

Ausflugskritiker*in

NICE!

ZIEL

DATUM

WAS

Kommentar

☆ ☆ ☆ ☆ ☆          EMPFEHLENSWERT   JA ( )    NEIN ( )

ZIEL

DATUM

WAS

Kommentar

☆ ☆ ☆ ☆ ☆          EMPFEHLENSWERT   JA ( )    NEIN ( )

ZIEL

DATUM

WAS

Kommentar

☆ ☆ ☆ ☆ ☆          EMPFEHLENSWERT   JA ( )    NEIN ( )

# DIE TOP 5 DES TAGES

**1**

**2**

NICE! *Unerwartet schön!*

**3**

**4**

Don't — *Nicht zu empfehlen*

**5**

♡
Drei Kleinigkeiten, die den *TAG*
so *BESONDERS* gemacht haben:
..................................................................
..................................................................
..................................................................

*ULTRAKURZE* Tageszusammenfassung:
..................................................................
..................................................................
..................................................................

Das ist in der *GROSSEN WELT* draussen passiert:
..................................................................
..................................................................
..................................................................

Am *LIEBSTEN* wäre ich jetzt:
..................................................................
..................................................................
..................................................................

Das haben wir uns *GUTES* getan:
..................................................................
..................................................................
..................................................................

Tränen [ ] *GELACHT* [ ] *GEWEINT* weil:
..................................................................
..................................................................
..................................................................

| WORT DES TAGES |
|---|
|  |

| SO OFT ____ |
|---|
| ( ) geküsst |
| ( ) gekuschelt |
| ( ) .......... |
| ( ) .......... |

| SO VIELE ____ |
|---|
| ( ) Stunden unterwegs |
| ( ) Schritte gemacht |
| ( ) .......... |
| ( ) .......... |

# Erinnerungsstück

PLATZ FÜR FOTOS, TICKETS, GESCHICHTEN, ERLEBNISSE, ...

## WERDET ZUR/M

*SPLISH SPLASH!*

POOL / MEER

ORT / DATUM

WASSERFARBE & -TEMPERATUR

*Zeichne die Wellen*

☆ ☆ ☆ ☆ ☆     EMPFEHLENSWERT   JA ( )   NEIN ( )

POOL / MEER

ORT / DATUM

WASSERFARBE & -TEMPERATUR

*Zeichne die Wellen*

☆ ☆ ☆ ☆ ☆     EMPFEHLENSWERT   JA ( )   NEIN ( )

POOL / MEER

ORT / DATUM

WASSERFARBE & -TEMPERATUR

*Zeichne die Wellen*

☆ ☆ ☆ ☆ ☆     EMPFEHLENSWERT   JA ( )   NEIN ( )

# DIE TOP 5 DES TAGES

**1** Lieblings Ort

**2** TOP GEHEIMTIPP SECRET

NICE! — Unerwartet schön!

**3**

**4** OVERRATED / UNDERRATED

**5** Don't — Nicht zu empfehlen

Kleines *GLÜCK* des Tages:

..................................................................
..................................................................
..................................................................

*GROSSES* Glück des Tages:

..................................................................
..................................................................
..................................................................

Ich fühle mich heute: ...........................................
Und zwar weil:

..................................................................
..................................................................
..................................................................

Das habe ich
[ ] *NICHT VERSTANDEN* [ ] *NEU GELERNT*:

..................................................................
..................................................................
..................................................................

Wenn ich drei *WÜNSCHE* frei hätte, dann wären das:

..................................................................
..................................................................
..................................................................

Ich fand dich, ..............................., heute
[ ] *NICHT OKAY* [ ] *VOLL OKAY* [ ] *GENAU RICHTIG*
[ ] *UNWIDERSTEHLICH*, weil:

..................................................................
..................................................................

---

WORT DES TAGES

SO OFT _____
( ) meditiert
( ) entspannt
( ) ...............
( ) ...............

SO VIELE _____
( ) Stunden unterwegs
( ) Schritte gemacht
( ) ...............
...............
( ) ...............
...............

PLATZ FÜR FOTOS, TICKETS, GESCHICHTEN, ERLEBNISSE, ...

## WERDET ZUR/M Museenkritiker*in

**NICE!**

MUSEUM / SEHENSWÜRDIGKEIT

ORT / DATUM

THEMA

*Kommentar*

☆ ☆ ☆ ☆ ☆     EMPFEHLENSWERT   JA ( )   NEIN ( )

MUSEUM / SEHENSWÜRDIGKEIT

ORT / DATUM

THEMA

*Kommentar*

☆ ☆ ☆ ☆ ☆     EMPFEHLENSWERT   JA ( )   NEIN ( )

MUSEUM / SEHENSWÜRDIGKEIT

ORT / DATUM

THEMA

*Kommentar*

☆ ☆ ☆ ☆ ☆     EMPFEHLENSWERT   JA ( )   NEIN ( )

# DIE TOP 5 DES TAGES

**1**

**2**

Unerwartet schön!

**3**

**4**

**5**

Nicht zu empfehlen

♡
*DANKBAR* bin ich heute vor allem für:
..................................................................
..................................................................
..................................................................

Damit hast du, ....................., mich
[ ] *BEEINDRUCKT* [ ] *ÜBERRASCHT* [ ] *VERWÖHNT*:
..................................................................
..................................................................
..................................................................

Darauf bin ich stolz, das habe ich
*WIRKLICH SUPER* gemacht:
..................................................................
..................................................................
..................................................................

Davon können wir gerade *NIE* genug kriegen:
..................................................................
..................................................................
..................................................................

Dem trauere ich *SO GAR NICHT* nach:
..................................................................
..................................................................
..................................................................

*VERMISSEN* werde ich aber ganz bestimmt:
..................................................................
..................................................................
..................................................................

| WORT DES TAGES |
|---|
|   |

| SO OFT ____ |
|---|
| ( ) geküsst |
| ( ) gekuschelt |
| ( ) .................... |
| ( ) .................... |

| SO VIELE ____ |
|---|
| ( ) Stunden unterwegs |
| ( ) Schritte gemacht |
| ( ) .................... |
| ( ) .................... |

# Erinnerungsstück

PLATZ FÜR FOTOS, TICKETS, GESCHICHTEN, ERLEBNISSE, ...

## WERDET ZUR/M

*Weinkritiker\*in*

CHEERS!

NAME DES WEINS

[ ] ROTWEIN  [ ] WEISSWEIN  [ ] ROSÉ

DAZU GEGESSEN

*Beschreibt das Bouquet*

☆ ☆ ☆ ☆ ☆          EMPFEHLENSWERT   JA ( )    NEIN ( )

NAME DES WEINS

[ ] ROTWEIN  [ ] WEISSWEIN  [ ] ROSÉ

DAZU GEGESSEN

*Beschreibt das Bouquet*

☆ ☆ ☆ ☆ ☆          EMPFEHLENSWERT   JA ( )    NEIN ( )

NAME DES WEINS

[ ] ROTWEIN  [ ] WEISSWEIN  [ ] ROSÉ

DAZU GEGESSEN

*Beschreibt das Bouquet*

☆ ☆ ☆ ☆ ☆          EMPFEHLENSWERT   JA ( )    NEIN ( )

# DIE TOP 5 DES TAGES

Unerwartet schön!

Nicht zu empfehlen

# Remember

# that time...

*GLÜCKSMOMENT* für die Ewigkeit:
..................................................................
..................................................................
..................................................................

Den *TAG* haben wir folgendermassen *GESTARTET*:
..................................................................
..................................................................
..................................................................

Und so verlief der *REST* des Tages:
..................................................................
..................................................................
..................................................................

Besonders an dir, ........................,
geschätzt habe ich heute, dass: ♡
..................................................................
..................................................................
..................................................................

Diese Entdeckung hat mich
[ ] *GEFLASHT* [ ] *SCHOCKIERT* [ ] *BEZAUBERT*:
..................................................................
..................................................................
..................................................................

*KULINARISCH* haben wir uns heute
damit verwöhnt:
..................................................................
..................................................................
..................................................................

WORT DES TAGES

SO OFT \_\_\_\_
( ) geküsst
( ) gekuschelt
( ) ..................
( ) ..................

SO VIELE \_\_\_\_
( ) Stunden unterwegs
( ) Schritte gemacht
( ) ..................
..................
( ) ..................

# Erinnerungsstück

PLATZ FÜR FOTOS, TICKETS, GESCHICHTEN, ERLEBNISSE, ...

## WERDET ZUR/M

*Yummy, Yummy!*

RESTAURANT / CAFÉ

ORT / DATUM

GERICHT

*Kommentar*

☆ ☆ ☆ ☆ ☆      EMPFEHLENSWERT    JA ( )    NEIN ( )

RESTAURANT / CAFÉ

ORT / DATUM

GERICHT

*Kommentar*

☆ ☆ ☆ ☆ ☆      EMPFEHLENSWERT    JA ( )    NEIN ( )

RESTAURANT / CAFÉ

ORT / DATUM

GERICHT

*Kommentar*

☆ ☆ ☆ ☆ ☆      EMPFEHLENSWERT    JA ( )    NEIN ( )

# DIE TOP 5 DES TAGES

1.
Lieblings Ort

2.
GEHEIMTIPP
TOP SECRET

NICE!
Unerwartet schön!

3.

4.
OVERRATED
UNDERRATED

5.
Don't
Nicht zu empfehlen

Der heutige Tag nach meiner *WUNSCHVORSTELLUNG*:
..................................................................
..................................................................
..................................................................
..................................................................

Das ist in *WIRKLICHKEIT* passiert:
..................................................................
..................................................................
..................................................................
..................................................................

Dafür nahmen wir uns so *RICHTIG VIEL ZEIT*:
..................................................................
..................................................................
..................................................................

Das kam hingegen etwas *ZU KURZ*:
..................................................................
..................................................................
..................................................................

♡ Diese *EIGENSCHAFT* von dir, ................., kam uns heute besonders gelegen, da:
..................................................................
..................................................................
..................................................................

So [ ] *SCHÖN* [ ] *COOL* [ ] *DOOF*, dass:
..................................................................
..................................................................

---

**WORT DES TAGES**

**SO OFT** ____
( ) meditiert
( ) entspannt
( ) ..................
( ) ..................

**SO VIELE** ____
( ) Stunden unterwegs
( ) Schritte gemacht
( ) ..................
..................
( ) ..................
..................

PLATZ FÜR FOTOS, TICKETS, GESCHICHTEN, ERLEBNISSE, ...

WERDET ZUR/M

# Barkritiker*in

**CHEERS!**

BAR

ORT / DATUM

DRINKS

*Kommentar*

☆ ☆ ☆ ☆ ☆        EMPFEHLENSWERT   JA ( )     NEIN ( )

BAR

ORT / DATUM

DRINKS

*Kommentar*

☆ ☆ ☆ ☆ ☆        EMPFEHLENSWERT   JA ( )     NEIN ( )

BAR

ORT / DATUM

DRINKS

*Kommentar*

☆ ☆ ☆ ☆ ☆        EMPFEHLENSWERT   JA ( )     NEIN ( )

# DIE TOP 5 DES TAGES

1. Lieblings Ort
2. TOP SECRET GEHEIMTIPP
3. NICE! Unerwartet schön!
4. OVERRATED / UNDERRATED
5. Don't — Nicht zu empfehlen

♡
Diese *FÜNF WORTE* beschreiben
den heutigen Tag am treffendsten:

................................................................
................................................................
................................................................

**WORT DES TAGES**

Da habe ich mich heute *AM WOHLSTEN* gefühlt:

................................................................
................................................................
................................................................

**SO OFT** ____

( ) geküsst
( ) gekuschelt
( ) ....................
( ) ....................

Das war mir hingegen *NICHT SO GEHEUER*:

................................................................
................................................................
................................................................

All diese [ ] *EMOTIONEN* [ ] *GEDANKEN* haben uns
heute begleitet – und zwar in dieser Reihenfolge:

**SO VIELE** ____

( ) Stunden
 unterwegs
( ) Schritte
 gemacht
( ) ....................

................................................................
................................................................
................................................................

Wenn ich an *ZUHAUSE* denke, dann:

( ) ....................

................................................................
................................................................
................................................................

Am meisten *SPASS* machte mir
heute mit dir, ................... :

................................................................
................................................................
................................................................

# Erinnerungsstück

PLATZ FÜR FOTOS, TICKETS, GESCHICHTEN, ERLEBNISSE, ...

WERDET ZUR/M

# Kaffeekritiker*in

*Yummy, Yummy!*

ZUBEREITUNG

ORT / DATUM

DAZU GEGESSEN

*Beschreibt das Aroma*

☆ ☆ ☆ ☆ ☆      EMPFEHLENSWERT   JA ( )    NEIN ( )

ZUBEREITUNG

ORT / DATUM

DAZU GEGESSEN

*Beschreibt das Aroma*

☆ ☆ ☆ ☆ ☆      EMPFEHLENSWERT   JA ( )    NEIN ( )

ZUBEREITUNG

ORT / DATUM

DAZU GEGESSEN

*Beschreibt das Aroma*

☆ ☆ ☆ ☆ ☆      EMPFEHLENSWERT   JA ( )    NEIN ( )

# DIE TOP 5 DES TAGES

1. Lieblingsort

2. Geheimtipp

NICE! — Unerwartet schön!

3. Overrated / Underrated

4.

5. Don't — Nicht zu empfehlen

Das machte den Tag so *BESONDERS*:

........................................................................

........................................................................

Diese Situation bescherte uns
[ ] *GROSSE FREUDE* [ ] *ETWAS SORGEN*
[ ] *EINEN GÄNSEHAUTMOMENT*:

........................................................................

........................................................................

♡
Etwas *FÜRS HERZ*:

........................................................................

........................................................................

........................................................................

Mein heutiger *LIEBLINGSMENSCH* ist ................,
weil:

........................................................................

........................................................................

Diese Nacht werde ich
[ ] *BESTIMMT* [ ] *HOFFENTLICH*
[ ] *HOFFENTLICH NICHT* davon träumen:

........................................................................

........................................................................

........................................................................

Das möchte ich dir *UNBEDINGT* noch sagen:

........................................................................

........................................................................

........................................................................

| WORT DES TAGES |
|---|

**SO OFT** ____

( ) meditiert

( ) entspannt

( ) ..................

( ) ..................

**SO VIELE** ____

( ) Stunden unterwegs

( ) Schritte gemacht

( ) ..................
..................

( ) ..................

PLATZ FÜR FOTOS, TICKETS, GESCHICHTEN, ERLEBNISSE, ...

WERDET ZUR/M

TITEL / INTERPRET*IN

MUSIKGENRE

WO ZUERST GEHÖRT

*Kommentar*

☆ ☆ ☆ ☆ ☆  EMPFEHLENSWERT  JA ( )  NEIN ( )

TITEL / INTERPRET*IN

MUSIKGENRE

WO ZUERST GEHÖRT

*Kommentar*

☆ ☆ ☆ ☆ ☆  EMPFEHLENSWERT  JA ( )  NEIN ( )

TITEL / INTERPRET*IN

MUSIKGENRE

WO ZUERST GEHÖRT

*Kommentar*

☆ ☆ ☆ ☆ ☆  EMPFEHLENSWERT  JA ( )  NEIN ( )

# DIE TOP 5 DES TAGES

1. Lieblings Ort
2. GEHEIMTIPP — TOP SECRET

NICE! — Unerwartet schön!

3.

Don't — Nicht zu empfehlen

4. OVERRATED / UNDERRATED

5.

*HIGHLIGHT* des Tages:
..................................................................
..................................................................
..................................................................

Den grössten *GENUSS* bescherte uns heute:
..................................................................
..................................................................
..................................................................

Mir geht das *HERZ* auf,
wenn ich daran denke, dass:
..................................................................
..................................................................
..................................................................

Die [ ] *BESTE* [ ] *ABGEFAHRENDSTE*
[ ] *LUSTIGSTE* [ ] *KREATIVSTE* Idee hatte
heute ........................... Und zwar:
..................................................................
..................................................................

Das ist mir wirklich
[ ] *LEICHT* [ ] *NICHTLEICHT* gefallen:
..................................................................
..................................................................
..................................................................

Innigster Wunsch *FÜR DEN MOMENT*:
..................................................................
..................................................................
..................................................................

WORT DES TAGES

SO OFT _____
( ) geküsst
( ) gekuschelt
( ) ....................
( ) ....................

SO VIELE _____
( ) Stunden unterwegs
( ) Schritte gemacht
( ) ....................
( ) ....................

# Erinnerungsstück

PLATZ FÜR FOTOS, TICKETS, GESCHICHTEN, ERLEBNISSE, ...

WERDET ZUR/M

# Ausflugskritiker*in

**NICE!**

ZIEL

DATUM

WAS

*Kommentar*

☆ ☆ ☆ ☆ ☆  EMPFEHLENSWERT  JA ( )  NEIN ( )

ZIEL

DATUM

WAS

*Kommentar*

☆ ☆ ☆ ☆ ☆  EMPFEHLENSWERT  JA ( )  NEIN ( )

ZIEL

DATUM

WAS

*Kommentar*

☆ ☆ ☆ ☆ ☆  EMPFEHLENSWERT  JA ( )  NEIN ( )

# DIE TOP 5 DES TAGES

1

2

Unerwartet schön!

3

Nicht zu empfehlen

4

5

Kleines GLÜCK des Tages:
..................................................................
..................................................................
..................................................................

GROSSES Glück des Tages:
..................................................................
..................................................................
..................................................................

Ich fühle mich heute: ............................................
Und zwar weil:
..................................................................
..................................................................
..................................................................

Das habe ich
[ ] NICHT VERSTANDEN [ ] NEU GELERNT:
..................................................................
..................................................................
..................................................................

Wenn ich drei WÜNSCHE frei hätte, dann wären das:
..................................................................
..................................................................
..................................................................

Ich fand dich, ..............................., heute
[ ] NICHT OKAY [ ] VOLL OKAY [ ] GENAU RICHTIG
[ ] UNWIDERSTEHLICH, weil:
..................................................................
..................................................................

---

**WORT DES TAGES**

**SO OFT** ____
() meditiert
() entspannt
() ..................
() ..................

**SO VIELE** ____
() Stunden unterwegs
() Schritte gemacht
() ..................
() ..................

PLATZ FÜR FOTOS, TICKETS, GESCHICHTEN, ERLEBNISSE, ...

## WERDET ZUR/M

**NICE!**

WO/FAHRERNAME

SAUBERKEIT/MUSIKGESCHMACK

FAHRSTIL

*Kurioseste Taxifahrer-Story*

☆ ☆ ☆ ☆ ☆                EMPFEHLENSWERT   JA ( )    NEIN ( )

WO/FAHRERNAME

SAUBERKEIT/MUSIKGESCHMACK

FAHRSTIL

*Kurioseste Taxifahrer-Story*

☆ ☆ ☆ ☆ ☆                EMPFEHLENSWERT   JA ( )    NEIN ( )

WO/FAHRERNAME

SAUBERKEIT/MUSIKGESCHMACK

FAHRSTIL

*Kurioseste Taxifahrer-Story*

☆ ☆ ☆ ☆ ☆                EMPFEHLENSWERT   JA ( )    NEIN ( )

# DIE TOP 5 DES TAGES

1. Lieblings Ort
2. GEHEIMTIPP — TOP SECRET
3. NICE! Unerwartet schön!
4. OVERRATED / UNDERRATED
5. Don't — Nicht zu empfehlen

♡ Am meisten *SPASS* gemacht hat heute:
..................................................................
..................................................................
..................................................................

Für einen *PERFEKTEN TAG* hat aber das noch gefehlt:
..................................................................
..................................................................
..................................................................

Kulinarische
[ ] *ÜBERRASCHUNG* [ ] *SENSATION* [ ] *KATASTROPHE*
des Tages:
..................................................................
..................................................................
..................................................................

Das möchte ich dir, ........................,
jetzt *UNBEDINGT* noch sagen:
..................................................................
..................................................................
..................................................................

Das krieg ich gerade nicht aus dem *KOPF*:
..................................................................
..................................................................
..................................................................

Und das soll bitte *IMMER* in Erinnerung bleiben:
..................................................................
..................................................................
..................................................................

WORT DES TAGES

SO OFT \_\_\_\_
( ) geküsst
( ) gekuschelt
( ) ..................
( ) ..................

SO VIELE \_\_\_\_
( ) Stunden unterwegs
( ) Schritte gemacht
( ) ..................
( ) ..................

# Erinnerungsstück

PLATZ FÜR FOTOS, TICKETS, GESCHICHTEN, ERLEBNISSE, ...

WERDET ZUR/M

SPLISH SPLASH!

POOL / MEER

ORT / DATUM

WASSERFARBE & -TEMPERATUR

*Zeichne die Wellen*

☆ ☆ ☆ ☆ ☆                    EMPFEHLENSWERT    JA ( )    NEIN ( )

POOL / MEER

ORT / DATUM

WASSERFARBE & -TEMPERATUR

*Zeichne die Wellen*

☆ ☆ ☆ ☆ ☆                    EMPFEHLENSWERT    JA ( )    NEIN ( )

POOL / MEER

ORT / DATUM

WASSERFARBE & -TEMPERATUR

*Zeichne die Wellen*

☆ ☆ ☆ ☆ ☆                    EMPFEHLENSWERT    JA ( )    NEIN ( )

# DIE TOP 5 DES TAGES

1. Lieblingsort

2. Geheimtipp (Top Secret)

NICE! — Unerwartet schön!

3.

4. Overrated / Underrated

5. Don't — Nicht zu empfehlen

# Remember

# that time...

♡
Schönster *MOMENT* des Tages:
..................................................................
..................................................................
..................................................................

WORT DES TAGES

Daran habe ich *HEUTE*
am meisten *GEDACHT*:
..................................................................
..................................................................
..................................................................

SO OFT \_\_\_\_

( ) geküsst

( ) gekuschelt

Das hast du, ..........................,
*WIRKLICH SUPER* gemacht:
..................................................................
..................................................................
..................................................................

( ) ..................

( ) ..................

Irgendetwas *GETRÄUMT*?
..................................................................
..................................................................
..................................................................

SO VIELE \_\_\_\_

( ) Stunden unterwegs

( ) Schritte gemacht

( ) ..................

Dieses [ ] *LIED* [ ] *BILD* [ ] *GEFÜHL* hat uns
durch den Tag begleitet:
..................................................................
..................................................................

( ) ..................

Aktueller *LIEBLINGSPLATZ*:
..................................................................
..................................................................
..................................................................

# Erinnerungsstück

PLATZ FÜR FOTOS, TICKETS, GESCHICHTEN, ERLEBNISSE, …

WERDET ZUR/M

RESTAURANT/CAFÉ

ORT/DATUM

GERICHT

*Kommentar*

☆ ☆ ☆ ☆ ☆   EMPFEHLENSWERT   JA ( )   NEIN ( )

RESTAURANT/CAFÉ

ORT/DATUM

GERICHT

*Kommentar*

☆ ☆ ☆ ☆ ☆   EMPFEHLENSWERT   JA ( )   NEIN ( )

RESTAURANT/CAFÉ

ORT/DATUM

GERICHT

*Kommentar*

☆ ☆ ☆ ☆ ☆   EMPFEHLENSWERT   JA ( )   NEIN ( )

# DIE TOP 5 DES TAGES

Das *BESTE* vom Tag:
..............................................................................
..............................................................................
..............................................................................

Und das haben *WIR* heute
sonst noch erlebt:
..............................................................................
..............................................................................
..............................................................................

Ich *FREUE* mich jetzt auf:
..............................................................................
..............................................................................
..............................................................................

Das habe ich mir *GEGÖNNT*:
..............................................................................
..............................................................................
..............................................................................

Am meisten
[ ] *BESCHÄFTIGT* [ ] *UNTERHALTEN* [ ] *VERUNSICHERT*
hat mich/uns heute:
..............................................................................
..............................................................................
..............................................................................

*UNBEDINGT* festhalten möchte ich noch, dass:
..............................................................................
..............................................................................
..............................................................................

WORT DES TAGES

SO OFT \_\_\_\_
( ) meditiert
( ) entspannt
( ) ..................
( ) ..................

SO VIELE \_\_\_\_
( ) Stunden unterwegs
( ) Schritte gemacht
( ) ..................
..................
( ) ..................
..................

PLATZ FÜR FOTOS, TICKETS, GESCHICHTEN, ERLEBNISSE, ...

## WERDET ZUR/M *Strandkritiker\*in*

**NICE!**

STRAND

ORT / DATUM

BESCHAFFENHEIT & FARBE

*Besonders schön*

☆ ☆ ☆ ☆ ☆     EMPFEHLENSWERT    JA ( )    NEIN ( )

STRAND

ORT / DATUM

BESCHAFFENHEIT & FARBE

*Besonders schön*

☆ ☆ ☆ ☆ ☆     EMPFEHLENSWERT    JA ( )    NEIN ( )

STRAND

ORT / DATUM

BESCHAFFENHEIT & FARBE

*Besonders schön*

☆ ☆ ☆ ☆ ☆     EMPFEHLENSWERT    JA ( )    NEIN ( )

# DIE TOP 5 DES TAGES

**1.** Lieblingsort

**2.** Geheimtipp – TOP SECRET

**3.** NICE! – Unerwartet schön!

**4.** Overrated / Underrated

**5.** Don't – Nicht zu empfehlen

Tagsüber waren *WIR* hauptsächlich damit beschäftigt:

.................................................................

.................................................................

.................................................................

♡
♡ *INNIGSTER MOMENT* des Tages:

.................................................................

.................................................................

.................................................................

Dieses *GEHEIMNIS* gehört nur uns:

.................................................................

.................................................................

.................................................................

Das hat mich *GLÜCKLICH* gemacht:

.................................................................

.................................................................

.................................................................

Und das hat ein bisschen
[ ] *GENERVT* [ ] *ÜBERRASCHT* [ ] *VERUNSICHERT*:

.................................................................

.................................................................

.................................................................

Wenn *ICH* heute ein *TIER* hätte sein können, dann dieses: ........................................, weil

.................................................................

.................................................................

.................................................................

WORT DES TAGES

SO OFT _____

( ) geküsst

( ) gekuschelt

( ) ....................

( ) ....................

SO VIELE _____

( ) Stunden unterwegs

( ) Schritte gemacht

( ) ....................

....................

( ) ....................

# Erinnerungsstück

PLATZ FÜR FOTOS, TICKETS, GESCHICHTEN, ERLEBNISSE, ...

WERDET ZUR/M

BUCHTITEL

( ) SACHBUCH ( ) ROMAN/GESCHICHTEN ( ) KRIMI/THRILLER

GELESEN VON

Kommentar

☆ ☆ ☆ ☆ ☆          EMPFEHLENSWERT   JA ( )    NEIN ( )

BUCHTITEL

( ) SACHBUCH ( ) ROMAN/GESCHICHTEN ( ) KRIMI/THRILLER

GELESEN VON

Kommentar

☆ ☆ ☆ ☆ ☆          EMPFEHLENSWERT   JA ( )    NEIN ( )

BUCHTITEL

( ) SACHBUCH ( ) ROMAN/GESCHICHTEN ( ) KRIMI/THRILLER

GELESEN VON

Kommentar

☆ ☆ ☆ ☆ ☆          EMPFEHLENSWERT   JA ( )    NEIN ( )

# DIE TOP 5 DES TAGES

**1** Lieblings Ort

**2** GEHEIMTIPP — TOP SECRET

NICE! *Unerwartet schön!*

**3**

**4** OVERRATED / UNDERRATED

**5** Don't — *Nicht zu empfehlen*

Diese *FÜNF WORTE* beschreiben
den heutigen Tag am treffendsten:
...................................................................
...................................................................
...................................................................

Da habe ich mich heute *AM WOHLSTEN* gefühlt:
...................................................................
...................................................................
...................................................................

Das war mir hingegen *NICHT SO GEHEUER*:
...................................................................
...................................................................
...................................................................

All diese [ ] *EMOTIONEN* [ ] *GEDANKEN* haben uns
heute begleitet – und zwar in dieser Reihenfolge:
...................................................................
...................................................................
...................................................................

Wenn ich an *ZUHAUSE* denke, dann:
...................................................................
...................................................................
...................................................................

Am meisten *SPASS* machte mir
heute mit dir, ................... :
...................................................................
...................................................................
...................................................................

WORT DES TAGES

SO OFT _____
( ) meditiert
( ) entspannt
( ) ....................
( ) ....................

SO VIELE _____
( ) Stunden unterwegs
( ) Schritte gemacht
( ) ....................
....................
( ) ....................

PLATZ FÜR FOTOS, TICKETS, GESCHICHTEN, ERLEBNISSE, ...

WERDET ZUR/M

# Barkritiker*in

*CHEERS!*

BAR

ORT / DATUM

DRINKS

*Kommentar*

☆ ☆ ☆ ☆ ☆      EMPFEHLENSWERT   JA ( )    NEIN ( )

BAR

ORT / DATUM

DRINKS

*Kommentar*

☆ ☆ ☆ ☆ ☆      EMPFEHLENSWERT   JA ( )    NEIN ( )

BAR

ORT / DATUM

DRINKS

*Kommentar*

☆ ☆ ☆ ☆ ☆      EMPFEHLENSWERT   JA ( )    NEIN ( )

# DIE TOP 5 DES TAGES

♡
Drei Kleinigkeiten, die den *TAG*
so *BESONDERS* gemacht haben:
..................................................................
..................................................................
..................................................................

*ULTRAKURZE* Tageszusammenfassung:
..................................................................
..................................................................
..................................................................
..................................................................

Das ist in der *GROSSEN WELT* draussen passiert:
..................................................................
..................................................................
..................................................................

Am *LIEBSTEN* wäre ich jetzt:
..................................................................
..................................................................
..................................................................

Das habe ich mir/dir *GUTES* getan:
..................................................................
..................................................................

Tränen [ ] *GELACHT* [ ] *GEWEINT*, weil:
..................................................................
..................................................................
..................................................................

WORT DES TAGES

SO OFT _____
( ) geküsst
( ) gekuschelt
( ) ..................
( ) ..................

SO VIELE _____
( ) Stunden unterwegs
( ) Schritte gemacht
( ) ..................
..................
( ) ..................

# Erinnerungsstück

PLATZ FÜR FOTOS, TICKETS, GESCHICHTEN, ERLEBNISSE, ...

# WERDET ZUR/M

TITEL / INTERPRET*IN

MUSIKGENRE

WO ZUERST GEHÖRT

Kommentar

☆ ☆ ☆ ☆ ☆     EMPFEHLENSWERT   JA ( )   NEIN ( )

TITEL / INTERPRET*IN

MUSIKGENRE

WO ZUERST GEHÖRT

Kommentar

☆ ☆ ☆ ☆ ☆     EMPFEHLENSWERT   JA ( )   NEIN ( )

TITEL / INTERPRET*IN

MUSIKGENRE

WO ZUERST GEHÖRT

Kommentar

☆ ☆ ☆ ☆ ☆     EMPFEHLENSWERT   JA ( )   NEIN ( )

# DIE TOP 5 DES TAGES

**1** Lieblingsort

**2** Geheimtipp – Top Secret

**NICE!** Unerwartet schön!

**3** Overrated / Underrated

**4**

**5** Don't – Nicht zu empfehlen

Am meisten *SPASS* gemacht hat heute:
.................................................................
.................................................................
.................................................................

Für einen *PERFEKTEN TAG* hat aber das noch gefehlt:
.................................................................
.................................................................
.................................................................

Kulinarische
[ ] *ÜBERRASCHUNG* [ ] *SENSATION* [ ] *KATASTROPHE*
des Tages:
.................................................................
.................................................................
.................................................................

Das möchte ich dir, ........................,
jetzt *UNBEDINGT* noch sagen:
.................................................................
.................................................................
.................................................................

Das krieg ich gerade nicht aus dem *KOPF*:
.................................................................
.................................................................
.................................................................

Und das soll bitte *IMMER* in Erinnerung bleiben:
.................................................................
.................................................................
.................................................................

---

WORT DES TAGES

SO OFT ____
( ) meditiert
( ) entspannt
( ) ....................
( ) ....................

SO VIELE ____
( ) Stunden unterwegs
( ) Schritte gemacht
( ) ....................
( ) ....................

PLATZ FÜR FOTOS, TICKETS, GESCHICHTEN, ERLEBNISSE, ...

## WERDET ZUR/M Ausflugskritiker*in

ZIEL

DATUM

WAS

*Kommentar*

☆ ☆ ☆ ☆ ☆      EMPFEHLENSWERT   JA ( )    NEIN ( )

ZIEL

DATUM

WAS

*Kommentar*

☆ ☆ ☆ ☆ ☆      EMPFEHLENSWERT   JA ( )    NEIN ( )

ZIEL

DATUM

WAS

*Kommentar*

☆ ☆ ☆ ☆ ☆      EMPFEHLENSWERT   JA ( )    NEIN ( )

# DIE TOP 5 DES TAGES

1. Lieblingsort
2. Geheimtipp — TOP SECRET
3. NICE! — Unerwartet schön!
4.  OVERRATED / UNDERRATED
5.  Don't — Nicht zu empfehlen

♡
*DANKBAR* bin ich heute vor allem für:
...................................................................
...................................................................
...................................................................

Damit hast du, ...................., mich
[ ] *BEEINDRUCKT* [ ] *ÜBERRASCHT* [ ] *VERWÖHNT*:
...................................................................
...................................................................
...................................................................

Darauf sind wir stolz, das haben wir
*WIRKLICH SUPER* gemacht:
...................................................................
...................................................................
...................................................................

Davon können wir gerade *NIE* genug kriegen:
...................................................................
...................................................................
...................................................................

Dem trauere ich *SO GAR NICHT* nach:
...................................................................
...................................................................
...................................................................

*VERMISSEN* werde ich aber ganz bestimmt:
...................................................................
...................................................................
...................................................................

| WORT DES TAGES |
| --- |

| SO OFT _____ |
| --- |
| ( ) geküsst |
| ( ) gekuschelt |
| ( ) .................. |
| ( ) .................. |

| SO VIELE _____ |
| --- |
| ( ) Stunden unterwegs |
| ( ) Schritte gemacht |
| ( ) .................. |
| ( ) .................. |

# Erinnerungsstück

PLATZ FÜR FOTOS, TICKETS, GESCHICHTEN, ERLEBNISSE, ...

WERDET ZUR/M

# Weinkritiker*in

**CHEERS!**

NAME DES WEINS

[ ] ROTWEIN [ ] WEISSWEIN [ ] ROSÉ

DAZU GEGESSEN

*Beschreibt das Bouquet*

☆ ☆ ☆ ☆ ☆      EMPFEHLENSWERT JA ( ) NEIN ( )

NAME DES WEINS

[ ] ROTWEIN [ ] WEISSWEIN [ ] ROSÉ

DAZU GEGESSEN

*Beschreibt das Bouquet*

☆ ☆ ☆ ☆ ☆      EMPFEHLENSWERT JA ( ) NEIN ( )

NAME DES WEINS

[ ] ROTWEIN [ ] WEISSWEIN [ ] ROSÉ

DAZU GEGESSEN

*Beschreibt das Bouquet*

☆ ☆ ☆ ☆ ☆      EMPFEHLENSWERT JA ( ) NEIN ( )

# DIE TOP 5 DES TAGES

Unerwartet schön!

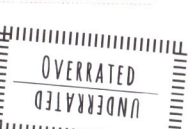

Nicht zu empfehlen

# Remember

# that time...

# Listen
# Listen
# Listen

*... weil das Führen von Listen einfach happy macht! Oder etwa nicht?*

# Unsere ALLTIME FAVORITES

Unser Lied

# Urlaubs playlist

DIESE TIERE HABEN WIR GESICHTET –
UND ZWAR IN FREIER NATUR!

| TIER | WO | WANN | WIE VIELE |
|---|---|---|---|
|  |  |  |  |
|  |  |  |  |
|  |  |  |  |
|  |  |  |  |
|  |  |  |  |
|  |  |  |  |
|  |  |  |  |
|  |  |  |  |
|  |  |  |  |
|  |  |  |  |
|  |  |  |  |
|  |  |  |  |
|  |  |  |  |
|  |  |  |  |
|  |  |  |  |

War eines von diesen dabei?
Dann malt es aus.

# Neue Seiten

DIESE NEUEN SEITEN HABEN WIR ANEINANDER ENTDECKT:

Ich an dir:

Du an mir:

# Ideensammlung

AN DEN UNGEWÖHNLICHSTEN ORTEN KOMMEN EINEM MANCHMAL DIE BESTEN IDEEN. SCHREIBT SIE NIEDER!

| IDEE | WO ENTSPRUNGEN |
|------|----------------|
|      |                |
|      |                |
|      |                |
|      |                |
|      |                |
|      |                |
|      |                |

*Hier ist Platz für die Ideen,
die man besser zeichnen als schreiben kann*

# Die Welt ist ein Juwel

DA MÖCHTEN WIR UNBEDINGT ZUSAMMEN HIN!

| TRAUMZIEL | WANN CA. |
|---|---|
|  |  |
|  |  |
|  |  |
|  |  |
|  |  |
|  |  |
|  |  |
|  |  |
|  |  |
|  |  |
|  |  |
|  |  |
|  |  |
|  |  |
|  |  |
|  |  |

*Manchmal ist die interessanteste Frage gar nicht „Wohin?", sondern „Wie?". Bewertet die Fortbewegungsmittel nach euren Vorlieben.*

☆ ☆ ☆ ☆ ☆
☆ ☆ ☆ ☆ ☆

☆ ☆ ☆ ☆ ☆
☆ ☆ ☆ ☆ ☆

☆ ☆ ☆ ☆ ☆
☆ ☆ ☆ ☆ ☆

☆ ☆ ☆ ☆ ☆
☆ ☆ ☆ ☆ ☆

☆ ☆ ☆ ☆ ☆
☆ ☆ ☆ ☆ ☆

☆ ☆ ☆ ☆ ☆
☆ ☆ ☆ ☆ ☆

☆ ☆ ☆ ☆ ☆
☆ ☆ ☆ ☆ ☆

☆ ☆ ☆ ☆ ☆
☆ ☆ ☆ ☆ ☆

☆ ☆ ☆ ☆ ☆
☆ ☆ ☆ ☆ ☆

☆ ☆ ☆ ☆ ☆
☆ ☆ ☆ ☆ ☆

# Freund*innen gewinnen

AUF REISEN IST MAN BEKANNTLICH NIE ALLEINE.
EINE GUTE SEELE KENNENGELERNT?

| WER (NAME UND KONTAKT) | WO |
|---|---|
|  |  |
|  |  |
|  |  |
|  |  |
|  |  |
|  |  |
|  |  |

*Zurück zu Hause hat euch der Alltag schnell wieder im Griff.
Erstellt einen Action Plan
oder klebt Fotos von euch und euren neuen Freund*innen ein.*

# Kulturen (er)leben

NEUE MUSIK, LITERATUR ODER FILME ENTDECKT?
HIER MÜSSEN WIR UNBEDINGT MAL REINHÖREN, REINLESEN,
REINSCHAUEN.

| WAS | WO ENTDECKT |
|---|---|
| | |
| | |
| | |
| | |
| | |
| | |
| | |

*Manchmal muss man nur vom Süden in den Norden oder von Ost nach West reisen,
um eine völlig andere Welt zu entdecken.
Beschreibt besondere Verhaltensweisen / Bräuche / Gewohnheiten,
die euch auf eurer Reise begegnet sind.*

MOSAIK DER KULTUREN

# Pleiten, Pech und Pannen

IRGENDWELCHE MISSGESCHICKE PASSIERT, ÜBER DIE MAN (VIELLEICHT NOCH NICHT HEUTE, ABER GANZ BESTIMMT SPÄTER …) SO RICHTIG FEST LACHEN KANN?

MALHEUR

## Lustige Missgeschicke aus aller Welt:

### MANN STECKTE BIS ZUR HÜFTE IN GULLY FEST

Ein 46-jähriger Mann musste von der Feuerwehr gerettet werden, weil er bis zur Hüfte in einem Gully feststeckte. Wie er dort hineingeraten war, konnte der laut Polizei leicht angetrunkene Mann allerdings nicht erklären. Der Mann war bei dem Versuch, sich selbst zu befreien, gescheitert. Die Feuerwehr musste ihn retten.

### TOTER AUF DEM BAHNSTEIG?

Ein junger Mann landete auf seiner Bahnreise durch Wales in Dovey Junction. Der Umsteigebahnhof dort liegt im absoluten Nichts. In diesem Ort gibt es wirklich gar nichts. Noch nicht mal eine Strasse. Leider hatte der Mann über eine Stunde Wartezeit. Er entschied, da es ein warmer und sonniger Tag war, sich langgestreckt auf den warmen Asphalt des Bahnsteigs zu legen und sich zu sonnen. Einige Zeit später wurde er von jemandem geweckt. Als er die Augen öffnete, sah er zwei Polizeibeamte, die ihn fragten, ob es ihm gut gehe. Eine Aufsichtsperson des Bahnhofs hatte sich über den reglosen Körper auf dem Bahnsteig gewundert und aus Angst die Polizei gerufen.

### QUATSCHEN BIS DER ZUG FÄHRT

Zwei Freundinnen wollten am Frankfurter HBF auf ihre gemeinsame Interrail-Reise starten. Am Gleis angekommen, stellten sie ihre Taschen ab und - da sie in unterschiedlichen Städten wohnten und sich lange nicht gesehen hatten - fingen direkt an, sich gegenseitig auf den neuesten Stand zu bringen. Sie waren völlig vertieft in ihr Gespräch, als auf einmal der Zug, der bereits die ganze Zeit, seit sie auf dem Gleis angekommen waren, vor ihnen gestanden hatte, losfuhr. Sie schauten auf die Uhr, die Anzeigetafel und realisierten im selben Moment, dass es ihr Zug gewesen war, den sie nun nur noch von hinten sehen konnten.

### BITTE NICHT STÖREN

In Hotels gibt es Türanhänger, auf deren einen Seite „Bitte nicht stören" und auf der anderen „Bitte Zimmer aufräumen" steht. Eine Reiseleiterin berichtete vom Anruf eines Gastes, der meinte, er wäre in seinem Zimmer eingesperrt und käme nicht heraus. Auf Nachfrage äusserte er, die eine Tür führe zum Bad und an der anderen hänge ein Schild mit der Aufschrift „Bitte nicht stören" : )

### EINREISE AUF LUFTMATRATZE

Ein junger Mann entspannte sich vor der griechischen Insel Kos verkatert auf seiner Luftmatratze. Er schlief ein, wurde einige Kilometer abgetrieben und vor der türkischen Küste bei Bodrum von der Hafenpolizei aufgegriffen. Natürlich hatte er keine Papiere dabei und wurde von den Beamten in die Türkei mitgenommen. Leider hatte er sowohl den Namen seines Hotels, seiner Urlaubsregion als auch den seines Reiseveranstalters vergessen. So wurde er ein Fall für die deutsche Botschaft.

# Wortspiel

DIESE WORTE/AUSDRÜCKE
MÖCHTEN WIR NICHT MEHR VERGESSEN.

| SPRACHE | WORT / AUSDRUCK | BEDEUTUNG |
|---------|-----------------|-----------|
|         |                 |           |
|         |                 |           |
|         |                 |           |
|         |                 |           |
|         |                 |           |
|         |                 |           |
|         |                 |           |
|         |                 |           |
|         |                 |           |
|         |                 |           |
|         |                 |           |
|         |                 |           |
|         |                 |           |
|         |                 |           |
|         |                 |           |

# Wortliebe

UND DIESES WORT ..................................................
WOLLEN WIR IN ALLEN SPRACHEN LERNEN.

| SPRACHE | GESCHRIEBEN | GESPROCHEN |
|---|---|---|
|  |  |  |
|  |  |  |
|  |  |  |
|  |  |  |
|  |  |  |
|  |  |  |
|  |  |  |
|  |  |  |
|  |  |  |
|  |  |  |
|  |  |  |
|  |  |  |
|  |  |  |
|  |  |  |
|  |  |  |

# Gold wert

AN DAS MÖCHTEN WIR UNS AUCH NOCH ERINNERN,
WENN WIR WIEDER ZUHAUSE SIND.

| WAS | WIESO |
|---|---|
|  |  |
|  |  |
|  |  |
|  |  |
|  |  |
|  |  |
|  |  |

*Jede Reise*

HAT EIN

**Ende.**

ABER DIE

*Erinnerung*

DARAN IST

**UNVERGÄNGLICH.**

# Gedanken kreisen

KREISEN DIE GEDANKEN GERADE ETWAS ZU STARK?
EINMAL NOTIERT, KOMMEN AUCH SIE WIEDER ZUR RUHE:

Schreibt euch doch mal wieder
einen kleinen Liebesbrief
(die beiden nächsten Seiten eignen sich großartig : ))

**Autorin**
DEBORA MESSERLI

**Konzeption**
SELINA LOUISE MISSEL

**Gestaltung & Illustration**
INA-MARIE INDERKA

Fragen oder Anregungen an die Redaktion?
Schreib an hello@guideme.ch

WWW.GUIDEME.CH   GUIDEME_TRAVEL

2. Auflage 2025
ISBN 978-3-8283-3019-1

Printed in the Czech Republic

MIX
Paper | Supporting responsible forestry
FSC® C014138
www.fsc.org

Dieses Werk ist urheberrechtlich geschützt. Alle Rechte vorbehalten. Vollständiger oder auszugsweiser Nachdruck nur mit schriftlicher Bewilligung des Herausgebers. Die Übertragung der Daten in elektronische Systeme ist ebenso unzulässig und strafbar.

© HALLWAG KÜMMERLY + FREY AG, GRUBENSTRASSE 109, CH-3322 SCHÖNBÜHL
WWW.SWISSTRAVELCENTER.CH
EU: MAIRDUMONT GMBH & CO. KG, MARCO-POLO-STR. 1, D-73760 OSTFILDERN, INFO@MAIRDUMONT.COM